# AMBULANCE

DE FEU

# LE MARQUIS DE HERTFORD

AU

# GÉNÉRAL VINOY

*En vous dédiant ce rapide Aperçu de notre Campagne et des soins que nous avons donnés aux Soldats placés sous vos ordres, nous voulons accomplir un devoir et en même temps vous témoigner notre reconnaissance.*

*Dès les premiers Combats autour de Paris, vous nous avez accueillis au 13e Corps d'Armée; plus tard, grâce à votre bienveillance, nous avons été attachés officiellement à la 3e Armée, puis à votre Grand Quartier Général au Louvre. Si nous avons rendu quelques services, c'est que vous dirigiez notre action, facilitiez notre tâche & encouragiez nos efforts.*

*Qu'il nous soit donc permis, au nom des Blessés, pour lesquels vous avez montré tant de sollicitude, de vous adresser nos sincères remercîments.*

# SIÉGE DE PARIS

# RAPPORT

SUR

LES SERVICES RENDUS PAR L'AMBULANCE

DE FEU

## LE MARQUIS DE HERTFORD

REMPLISSANT LES FONCTIONS

D'AMBULANCE DU GRAND QUARTIER GÉNÉRAL DE L'ARMÉE

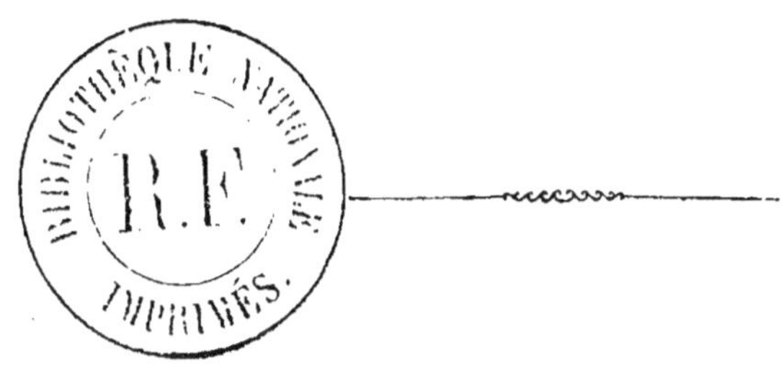


PARIS

A. PARENT, IMPRIMEUR DE LA FACULTÉ DE MÉDECINE

31, rue Monsieur-le-Prince, 31

1871

A MONSIEUR LE PRÉSIDENT DE LA SOCIÉTÉ INTERNATIONALE DE SECOURS AUX BLESSÉS.

---

3 Septembre 1870.

*Monsieur le Comte,*

*J'ai l'honneur de vous proposer de mettre à votre disposition la somme de* trois cent mille francs, *pour organiser immédiatement une ambulance française devant être dirigée sur le théâtre de la guerre.*

*Comme seule condition de ce don, je désire qu'elle parte sous la désignation suivante :*

**Ambulance de feu le Marquis de Hertford.**

*Ayez la bonté, Monsieur le Comte, de me faire savoir si la Société Internationale de secours aux blessés veut bien accepter ma proposition, pour que je puisse faire verser à son crédit, chez MM. de Rothschild, la somme de trois cent mille francs.*

*Veuillez agréer, je vous prie, Monsieur le Comte, l'assurance de ma haute considération.*

RICHARD WALLACE.

# PERSONNEL DE L'AMBULANCE.

*Chirurgien en chef.* . . . MM. Anger (Théophile).
*Chirurgien principal.* . . Legros.
*Chirurgien.* . . . . . . . . Archer.
id. . . . . . . . Soyard.

*Aides.* . MM. Solmon.
Morvan.
Doyère.
Piechaud.
Bellon.
Napiéralski.
Yot.
Iszenard.

*Sous-aides.* MM. Skalski.
Guery.
Decaestecker.
Vandran.
Monnot.
Leroux.

*Aumônier.* . . . . . . . . . . MM. Forbes (W.).
id. . . . . . . . . . . Forbes (J.).
*Pasteur* . . . . . . . . . . . Foltz.
*Comptable.* . . . . . . . . . . Godefrin.
*Aide-comptable.* . . . . . . . . Labbe (Arthur).
*Sous-aide-comptable* . . . . . Labbe (Alfred).

*Infirmiers.*

MM. Boisdin, infirmier-major.
Fauveau, caporal.
Franzini, id.
Wurtz, infirmier.
Forestier.
Palot.
Demange.
Echenard.
Despaubourg.
Boettcher.
Fuline.
Dupuy.

*Infirmiers.*

MM. Monnier,
Ponchon.
Crosnier.
Racine.
Perillat.
Richard.
Bonno.
Hullard.
Rezonnico.
Salem.
Boudin père.
Desmaruts

*Cochers.*

MM. Francolin, piqueur.
Curton, cocher.
Prévost. id.

*Cochers.*

MM. Maillochon.
Chauveau.
Drion.

Créée par M .Richard Wallace sous le patronage de *feu le marquis de Hertford*, notre ambulance devait jouer un rôle essentiellement actif, pour répondre aux intention du donateur. L'exposé succinct des services qu'elle a rendus sur le champ de bataille permettra de juger si ce but a été atteint; en outre, il justifiera, nous osons l'espérer, la situation exceptionnelle que cette ambulance a acquise dans l'armée de la défense nationale.

Notre première étape ne fut pas longue. Partis du Palais de l'Industrie, le 8 septembre 1870, vers quatre heures, nous nous arrêtions à l'arc de triomphe de l'Étoile, et le lendemain, nous élevions nos tentes à la porte de Neuilly. Là, pendant huit jours, notre rôle se borna à transporter dans les hôpitaux quelques soldats malades ou blessés accidentellement. Mais déjà, nous mettions ce temps à profit pour nous mettre en rapport avec l'état-major du 13e corps d'armée, auprès duquel nous étions accrédités.

## CRÉTEIL.

Le 15 septembre, ordre nous fut donné de partir pour Vincennes; et vers minuit, nous campions à la belle étoile dans le bois de Saint-Mandé. Le lendemain seulement, nous pûmes trouver une maison convenable pour recevoir des blessés.

Le 17 septembre, le général Vinoy nous fit prévenir qu'il allait faire une reconnaissance en avant de Créteil. En conséquence nous partîmes, vers une heure, à la suite de l'ambulance du quartier général du 13e corps. A peine avions-nous dépassé les dernières maisons de ce village, qu'une vive fusillade éclata devant nous. Bientôt, les troupes se repliant, l'intendant fit rebrousser chemin à l'ambulance. Quelques minutes après, arrivait un officier d'état-major, annonçant qu'il y avait des blessés. Immédiatement, je transmis cet avis à l'intendant qui fit arrêter quelques cacolets, et continua la retraite. Craignant que ces moyens de transport ne fussent insuffisants, nous fîmes rétrograder notre litière, de façon à ne pas gêner le mouvement de retraite des troupes. En quelques minutes la voiture se trouva remplie de blessés, qui furent conduits à Saint-Mandé.

Dès que le général Vinoy apprit la présence de ces blessés à notre ambulance, il vint, suivi de son état-major, leur rendre visite, et nous remercia chaleureusement des soins dont nous entourions ces premières victimes du siége de Paris.

Un second voyage sur le lieu de l'action nous permit de recueillir six nouveaux blessés, et, faute de place, nous dûmes en laisser provisoirement quelques autres près d'une meule de blé à laquelle les Prussiens avaient mis le feu. Il fallut donc retourner une troisième fois sur le champ de bataille, et au milieu de la nuit, à quelques pas des sentinelles ennemies, parcourir les vignes, scruter les plis de terrain, pour n'y laisser aucun des nôtres. Là nous retrouvâmes le pasteur de l'ambulance qui avait bien voulu se charger de la garde de deux soldats atteints de balles dans la poitrine, et vers une heure du matin nous reprîmes le chemin de Saint-Mandé.

Sur la route un infirmier militaire attendait notre retour et avait ordre de diriger les blessés sur l'ambulance militaire, ce qui fut exécuté. Attachés au 13e corps d'armée en qualité *d'ambulance auxiliaire*, nous nous sommes toujours efforcés de ne pas sortir de ce rôle, n'ayant d'autre ambition que celle d'être utiles aux blessés. M. Pasquier, chirurgien en chef du 13e corps étant venu visiter l'ambulance, nous nous fîmes un devoir de le consulter sur l'opportunité de quelques opérations nécessaires ; et, pendant toute la campagne, nous avons évité avec un soin extrême de porter ombrage au savoir et au dévouement de nos confrères de l'armée.

Cependant il était possible que quelques blessés eussent échappé à nos investigations au milieu de la nuit ; et dès lors notre devoir était de tenter une quatrième expédition.

A quatre heures du matin, chirurgiens et infirmiers, se rendirent de nouveau à Créteil pour s'assurer, dès que le jour serait levé, qu'il ne restait pas de blessés et pour enterrer les morts. Cette besogne ne fut pas achevée sans difficulté, parce que les Prussiens s'y opposèrent et nous obligèrent à rentrer dans nos lignes.

Dans l'après-midi du 18, sur le désir de l'Intendant, nous évacuâmes nos blessés sur l'hôpital de Vincennes. Deux d'entre eux, dont la poitrine avait été perforée, succombèrent dans la journée ; il ne nous resta que trois hommes : l'un amputé du bras, le second amputé d'un testicule, le troisième atteint d'une balle dans le ventre. Tous trois, après neuf jours de séjour à Saint-Mandé, furent transportés au Palais de l'Industrie, où ils ont achevé leur guérison.

## CHATILLON.

Le 19 septembre, à midi, nous reçûmes l'ordre de nous transporter à la gare Montparnasse, où allait s'établir l'état-major du 13e corps. A peine étions-nous arrivés, que nous apprîmes à la fois le combat et la déroute de Châtillon. Aussitôt une partie de l'ambulance fut chargée de faire les préparatifs nécessaires pour recevoir des blessés, l'autre prit immédiatement le chemin de Châtillon. Il était environ cinq heures du soir lorsque nous atteignîmes les avant-postes prussiens. Avant de nous engager dans leurs lignes, nous eûmes soin de stipuler avec l'officier prussien, *qu'il nous serait permis de rentrer librement à Paris avec nos blessés*. Arrivés à la redoute de Châtillon, le sol jonché d'armes, de sacs, de bagages de toute sorte, nous fit supposer qu'il devait y avoir des blessés dans les environs, et nous nous mîmes à leur recherche; mais il fut impossible de découvrir ni un blessé ni un mort français. Deux blessés prussiens furent seuls rencontrés dans le petit bois à droite de la redoute. On nous demanda de les transporter à Plessis-Piquet, ce qui fut consenti, à la condition qu'on rendrait deux blessés français en échange.

A peine avions nous fait quelques pas dans cette nouvelle direction, que nos voitures furent arrêtées par les nombreux obstacles dont la route était semée. Il fallait à chaque instant déplacer les arbres jetés en travers sur la voie ou démolir les barricades qui barraient le passage.

Pendant ce temps, la nuit était venue, ajoutant aux difficultés de la route le danger d'être tués par les sentinelles ennemies, que l'obscurité empêchait de voir notre drapeau.

Enfin, vers dix heures et demie, nous atteignîmes le village de Plessis-Piquet. Les blessés furent pansés et installés sur des matelas; mais, en présence des obstacles de tout genre que nous avions rencontrés, il n'y avait pas à songer à regagner Paris dans la nuit même. Il fallut donc camper au milieu des soldats prussiens, sans provisions, sans abri, sans repos possible; aussi fûmes nous prêts à partir dès le point du jour. Avant de quitter le village, le général qui commandait nous donna un sauf-conduit, à la condition de regagner Paris par la route de l'Hay, qu'il disait libre.

Nous nous mîmes en route aussitôt. Partout les chemins étaient coupés. Il nous fallut faire de longs détours, des marches et contre-marches, traverser Fontenay, Sceaux, etc., pour arriver à Bourg-la-Reine. Là, une barricade, gardée par les Prussiens et armée de canons, fermait la route ; une vive fusillade se faisait entendre entre Bourg-la-Reine et Cachan, le fort de Montrouge envoyait des obus sur le village : il fallut s'arrêter. Nous profitâmes de cette halte forcée pour aller demander aux sœurs du village un morceau de pain et un verre de vin.

L'aumônier qui nous accompagnait s'engagea, avec le vicaire de Bourg-la-Reine, sur la route de l'Hay, pour s'assurer si cette voie était libre. Un général prussien y arrivait en même temps et lui signifiait qu'il avait ordre formel du roi de ne plus laisser rentrer ni sortir personne de Paris. Sachant alors que l'officier qui commandait à Bourg-la-Reine n'avait pas encore reçu cet ordre, nous résolûmes de franchir les avant-postes, malgré la fusillade qui continuait toujours aussi violente ; mais, au moment où nous arrivions à la barricade, l'ordre arriva, et il fallut rebrousser chemin. Nous étions prisonniers de fait, sinon de droit ; l'ambulance paraissait désormais partagée en deux moitiés, et il semblait impossible d'en réunir les deux tronçons.

Néanmoins nous résolûmes de tout tenter pour sortir des lignes prussiennes, et nous nous dirigeâmes d'abord vers la Croix-de-Berny, où résidait le général commandant le corps d'armée. Il nous fut impossible d'en rien obtenir autre chose qu'un uhlan pour nous conduire à Châtenay, auprès du prince royal. Là, nouveau déboire : le prince partait pour Versailles, et c'est de ce côté que nous dûmes nous diriger.

Arrivés au Petit-Bicêtre, nous aperçûmes les champs environnants couverts de morts. Il y avait eu là la veille un combat acharné, dont les débris sanglants jonchaient le sol, et nous nous dispersâmes pour explorer le terrain, nous assurer qu'il n'y restait pas de blessés et faire enterrer nos morts. Ce devoir accompli, nous reprîmes tristement, le cœur serré, le chemin de Versailles. Deux Prussiens blessés furent recueillis sur la route et transportés à l'hôpital.

Notre premier soin, à notre arrivée, fut de nous mettre en rapport avec le Comité de secours aux blessés de Versailles, et, sur ses indications, nous pûmes trouver un gîte pour la nuit.

Le lendemain matin, à huit heures, voulant tenter une dernière démarche pour obtenir de rentrer à Paris, je me rendis au quartier du prince royal et j'exposai à son chef d'état-major, le colonel Goldberg, la triste situation qui nous était faite, malgré les promesses réitérées et les engagements formels des officiers et des généraux qui nous avaient permis d'entrer dans leurs lignes et nous avaient employés pour soigner leurs blessés. J'ajoutai que, si la permission de rentrer ne nous était pas accordée, j'étais résolu à partir pour Londres, où je saurais bien publier le manque de foi dont on avait usé à notre égard et la façon indigne dont on traitait l'ambulance de lord Hertford. Enfin, à force d'énergie et de volonté, j'obtins du colonel qu'il présentât mes réclamations au prince royal. Ce ne fut que vers midi, après de nouvelles et pressantes démarches, qu'il me fut répondu que, par ordre du prince, on allait nous reconduire aux avant-postes.

Deux heures après, en effet, nous prenions la

route de Sèvres, escortés par un piquet de uhlans.

Notre retour ne s'effectua pas sans encombre. A peine étions-nous engagés dans Sèvres qu'un coup de feu, tiré par les Prussiens, arrêta brusquement notre petite colonne. L'officier qui nous accompagnait nous fit aussitôt rebrousser chemin, alla chercher de nouvelles instructions, et, à son retour, nous reprîmes notre route. Le général qui commandait à Sèvres commença par déclarer qu'il ne nous laisserait pas passer; mais, sur la présentation du sauf-conduit que nous avait délivré le prince royal, il nous fit descendre de voiture, nous compta, et eut soin de nous faire sentir sa mauvaise volonté et sa mauvaise humeur. Un peu plus loin, à Meudon, nouvel arrêt, nouvelles formalités vexatoires : « *Il est absurde*, disait en allemand l'officier du poste, *de laisser passer des gens qui vont aller avertir l'ennemi et nous faire surprendre cette nuit.* »

C'est à Meudon que nous fûmes enfin délivrés de notre escorte et recouvrâmes notre liberté. Mais à peine avions-nous fait quelques pas vers Paris, que nous fûmes salués par une décharge de cinq ou six coups de fusil, qui heureusement n'atteignit aucun de nous. Même à ce prix, personne ne fut fâché d'être enfin délivré de leurs mains. Que de fois, pendant ces quarante-huit heures de séjour forcé au milieu d'eux, les officiers prussiens n'ont-ils pas répondu à nos réclamations : « *Mais, messieurs, pourquoi voulez-vous retourner à Paris ?... dans trois ou quatre jours, vous y rentrerez avec nous.* »

Notre retour fut accueilli avec une vive satisfaction par nos collègues qui, restés à la gare Montparnasse, étaient dans une grande inquiétude sur notre sort, et aussi par le général Vinoy, qui avait voulu nous installer près de lui, en disant que l'ambulance lui avait rendu trop de services pour s'en séparer.

La leçon que les Prussiens venaient de nous infliger en nous emmenant à Versailles avait été trop rude pour que nous nous exposions désormais à aucun contact et à aucune relation avec eux : pas un de nous n'est tombé depuis lors en leurs mains; et, instruits par l'expérience, nous avons su éviter toute espèce de rapports sur le champ de bataille.

## MOULIN SAQUET.

Avertis, le 23 septembre, qu'on avait repris les redoutes du Moulin-Saquet et des Hautes-Bruyères, nous nous rendîmes immédiatement à Villejuif. Il y avait eu peu de blessés et ils étaient déjà relevés par l'ambulance de la division du général Mauduyt. Le sous-intendant militaire n'ayant pas de voitures pour ramener six blessés qu'il avait recueillis, nous lui offrîmes notre litière, qu'il accepta en nous priant de transporter ces militaires à l'hôpital du Val-de-Grâce.

## CHEVILLY.

Le 29 septembre au soir, le général Vinoy nous fit transmettre l'ordre de nous tenir prêts à partir à minuit, à la suite de l'ambulance militaire, pour nous rendre à Villejuif. Dès que nous fûmes arrivés, nous cherchâmes une maison pour recevoir des blessés, et aux premiers coups de fusil, nous nous portâmes dans la plaine qui sépare les Hautes-Bruyères de Chevilly. Chacun des aides et sous-aides, accompagné d'un brancard porté par deux infirmiers, marcha en avant. Les blessés furent recueillis et transportés à bras jusqu'à la redoute des Hautes-Bruyères, où nos voitures allaient les charger pour les conduire au dépôt. En moins de deux heures, nous réunîmes 89 blessés, qui furent pansés et évacués immédiatement sur le Palais de l'Industrie. Cette évacuation précipitée fut ordonnée parce que les obus mitraillaient tout le village. A onze heures du matin, nous rentrions à Paris, laissant sur le terrain un certain nombre de blessés réfugiés dans les maisons de Chevilly et l'Hay et tombés par là même au pouvoir de l'ennemi. Ces blessés ne furent rapportés qu'à la nuit, soit par d'autres voitures d'ambulance, soit par celles que nous avions envoyées dans l'après-midi.

Le lendemain matin, sur l'avis que le général Schmitz avait négocié une suspension d'armes, le général Vinoy nous chargea d'aller enterrer les morts et, s'il était possible, de rapporter les blessés restés au pouvoir de l'ennemi. Mais arrivés sur le terrain, quelques difficultés s'étant élevées et la fin de l'armistice étant imminente, nous dûmes rentrer dans nos lignes, pour ne pas exposer l'ambulance à un second voyage à Versailles.

## BAGNEUX.

Jusqu'au 13 octobre, nous restâmes cantonnés à la gare Mont-Parnasse. Ce jour-là, dès le matin, nous reçûmes l'ordre de nous porter en avant dès que les premiers coups de canon du fort de Vanves se seraient fait entendre. Vers dix heures le signal fut donné et l'ambulance militaire prit le chemin de Villejuif. Nous la laissâmes partir et, devenus libres de nos mouvements, nous nous dirigeâmes directement vers l'endroit où l'on entendait la canonnade, c'est-à-dire vers le fort de Vanves. Une heure après notre arrivée, l'action s'engagea autour des villages de Bagneux et Châtillon. Nous avions mis ce temps à profit pour nous procurer de la paille, des matelas, et disposer deux grandes maisons à recevoir les blessés. Dès les premiers coups de fusil, la plupart des chirurgiens et des infirmiers dépassaient les réserves pour relever les blessé tombés aux premiers rangs, et quoique la route entre Vanves et Châtillon fût incessamment balayée par les obus, nos voitures allaient charger les blessés sous le feu de l'ennemi, et, après les avoir mis en sûreté à l'ambulance, retournaient immédiatement en chercher de nouveaux. En moins d'une heure, 45 blessés furent recueillis; et lorsqu'arriva l'ambulance militaire qui revenait de Villejuif, il ne restait plus que quelques hommes sur le terrain, et fort heureusement, car, à partir de ce moment, l'intendant, voyant un grand encombrement de voitures de toutes sortes, les fit arrêter et ne laissa plus passer que nos brancardiers. Pendant quelques instants nous fûmes très-inquiets sur le sort d'une partie des chirurgiens de l'ambulance, qui avaient pénétré en même temps que les troupes dans le village de Châtillon, et que nous crûmes avoir été faits prisonniers.

Heureusement nous les vîmes reparaître, amenant dans un fourgon un officier prussien atteint d'une balle en pleine poitrine. Ayant appris que c'était un médecin, nous le fîmes immédiatement transporter à l'ambulance, où, sur sa demande, le professeur Nélaton vint le visiter; mais la blessure était fatalement mortelle et deux jours après il succombait.

Après avoir terminé les opérations urgentes et appliqué à tous un premier pansement, nous évacuâmes nos blessés sur Paris, dans les trois ambulances permanentes préparées à cet effet. Quelques jours après, dix-neuf des soldats atteints le plus légèrement furent dirigés sur l'ambulance de M. Richard Wallace, boulevard des Italiens, 26, et le 19 octobre dix autres y étaient également transportés. Les blessures graves, la plupart considérées comme mortelles, furent seules conservées pour recevoir nos soins.

---

## INCORPORATION A LA 3e ARMÉE.

Dans les premiers jours de novembre parut un décret qui dissolvait le 13e corps et devait quelques jours plus tard modifier notre situation. Le général Vinoy avait été appelé au commandement de la 3e armée; lorsqu'elle fut organisée par divisions, le général me fit venir et me proposa de former, avec mon personnel, l'ambulance de son grand quartier général, à la condition de créer quatre autres petites ambulances pour les divisions qui en étaient dépourvues. Après en avoir conféré avec M. le Dr Chenu, président et directeur du service médical, il fut convenu que les demandes du général Vinoy seraient réalisées dans le plus bref délai possible; et en effet, le 27 novembre, nous nous installions dans les chambres de l'Ecole d'état-major, qui nous avaient été préparées par ordre du général. En même temps, les ambulances divisionnaires, sous les ordres de MM. Magdelain, Wollaston, Weissenthaner et Estachy, étaient accréditées auprès des généraux de division.

Il est de mon devoir d'ajouter que la nouvelle situation qui nous était faite, et dont l'honneur rejaillissait sur la Société, était entièrement due aux services rendus par l'ambulance depuis le commencement du siége. Grâce au dévouement et à l'intelligence de tous, nous avions su conquérir l'estime, puis la protection de tous ceux qui nous avaient vus à l'œuvre. Ainsi s'explique la demande qu'avait faite le général, que toutes ses divisions fussent pourvues d'ambulances de notre Société.

## L'HAŸ.

A peine étions-nous installés dans nos nouvelles fonctions que nous fûmes appelés à les exercer.

Le 29 novembre, à quatre heures du matin, nous allâmes planter nos tentes aux Hautes-Bruyères. Au petit jour, les troupes se déployèrent contre le village de l'Hay et une vive fusillade s'engagea. Deux chirurgiens et deux infirmiers étaient restés de garde sous les tentes; tous les autres étaient en avant, recueillant les blessés, les dirigeant sur l'ambulance.

Le service se fit avec une telle promptitude que, la retraite sonnée et les troupes rentrées dans leurs tranchées, il ne restait pas vingt blessés sur le terrain. Alors le feu ayant cessé, nous pûmes explorer librement tous les plis du sol et recueillir tous ceux, blessés ou morts, que le temps ne nous avait pas encore permis d'enlever. Outre les 125 blessés, dont nous avons les noms, un grand nombre d'autres furent rapportés, pansés et évacués avant qu'on ait pu en dresser la liste. Aucun ne resta ni sur le champ de bataille, ni entre les mains de l'ennemi.

Il est juste d'ajouter que ce même jour, M. l'intendant Schmitz et M. le sous-intendant Moyse, nous ont prêté un concours très-bienveillant, et qu'ils ont favorisé notre action de tout leur pouvoir. A plusieurs reprises, ces messieurs ont témoigné leur satisfaction pour l'activité dont chacun avait fait preuve en ces circonstances.

La nuit venue, nous rentrâmes à Paris avec quelques blessés des plus grièvement atteints. Nos tentes restèrent dressées, et quelques-uns d'entre nous se dévouèrent pour les garder pendant la nuit, veiller sur le matériel et préparer l'enterrement des morts.

Une autre raison imposait encore cette conduite : l'armée du général Ducrot, qui devait passer la Marne le matin, n'avait pas exécuté ce mouvement, et le général Vinoy n'en avait été averti que lorsque ses troupes étaient engagées. Comme ce dernier devait se borner à exécuter une forte démonstration sur l'Hay, l'autre mouvement n'ayant pas lieu, il avait dû faire sonner la retraite, lorsque déjà nous occupions une partie du village. Il était donc possible que l'attaque fût renouvelée le lendemain, et dès lors il était indiqué de laisser nos tentes debout, prêtes à recevoir des blessés.

## CHOISY-LE-ROI.—GARE AUX BŒUFS.

Le lendemain, 30 novembre, nous reprîmes de grand matin le chemin des Hautes-Bruyères. Déjà l'on entendait une forte canonnade du côté de Champigny. Des hauteurs de Villejuif, nous fûmes témoins de l'attaque de Montmély, et de la prise de la ferme qui en couronne le sommet. Vers une heure, un retour offensif des Prussiens força nos troupes à la retraite. C'est à ce moment que le général Vinoy, qui s'était porté en avant de Vitry, ordonna une diversion contre Choisy-le-Roi. Nos dispositions furent bientôt prises pour parer à toutes les éventualités. Une partie de l'ambulance se mit à la disposition du général Blaise, qui devait attaquer Thiais ; l'autre se porta en avant de Vitry, sur la route de Choisy-le-Roi. Puis, le service assuré de ce côté, nous nous rendîmes à la Gare-aux-Bœufs, où plusieurs blessés étaient signalés. Tous furent recueillis, pansés, puis ramenés à Paris dans la soirée.

Dans ces deux journées meurtrières, où nos troupes s'attaquaient à des murs crénelés, nous avons donné nos soins à plus de deux cents blessés, relevé et enterré une trentaine de morts. Une remarque qui nous a tous frappés, c'est que nous perdions toujours beaucoup plus de monde pendant la retraite que pendant l'attaque, et qu'en outre, les blessures étaient plus graves. Dans l'attaque, alors même qu'il a devant lui des murailles ou des tranchées, le soldat se gare, s'abrite, se défile, selon l'expression consacrée ; dans la retraite, au contraire, ne songeant plus qu'à se sauver, il se met à découvert, et l'ennemi qui n'a plus rien à craindre, tire à son aise, et vise beaucoup plus juste. Ainsi, sans doute, s'expliquent le nombre et la gravité des blessures observées pendant toute retraite sous le feu de l'ennemi.

Jusqu'au 4 décembre, nous restâmes aux Hautes-Bruyères, prêts à tout événement, recevant seulement sous nos tentes quelques malades et blessés. Mais alors, notre présence étant inutile, les grands froids se faisant sentir, nous dûmes rentrer à l'École d'état-major avec le quartier-général. Le temps, d'ailleurs, n'était pas perdu : l'ambulance était pleine de blessés qui réclamaient des soins. Il fallait pourvoir à leur nourriture, nous ravitailler en linges de pansement, en charpie et en bandes.

## ROSNY. — AVRON.

Tout était prêt le 19 décembre, lorsque nous reçumes l'ordre d'aller prendre position dans le village de Rosny. Là, nous fîmes ouvrir l'église et préparer tout ce qu'il fallait pour recevoir des blessés, les chauffer et les nourrir. Un de nos premiers soins fut également de nous mettre en rapport avec le docteur Magdelain, qui depuis un mois était cantonné à Neuilly-Plaisance et faisait le service de la division du général d'Hugues. Pendant toute la durée de notre séjour au plateau d'Avron, les deux ambulances ont constamment réuni leurs efforts et combiné leurs mouvements vers le même but; et c'est de concert que nous arrêtâmes toutes les dispositions nécessaires pour répondre aux éventualités de la bataille qu'on devait engager le 21 décembre. Pendant qu'une partie de l'ambulance se portait vers la Ville-Évrard, à la suite du général Malroy, l'autre gagnait Neuilly-Plaisance et la Maison-Blanche avec la division du général d'Hugues. Deux chirurgiens, restés dans l'église de Rosny, avaient ordre d'y réunir les blessés et de pourvoir aux opérations les plus urgentes.

Ces deux positions de la Maison-Blanche et de la Ville-Évrard furent rapidement conquises, et leur possession coûta peu de monde : quelques morts et une soixantaine de blessés. Parmi ces derniers, figurait le général Favé qui commandait l'artillerie. Au moment où ce général disposait ses batteries à l'extrémité du parc de la Ville-Évrard, un éclat d'obus vint lui frapper la cuisse. Il n'avait pas fait dix pas pour se retirer, que nos infirmiers le plaçaient sur un brancard, et que M. le Dr Legros, chirurgien principal de l'ambulance, lui faisait un premier pansement et l'évacuait directement sur Paris.

C'est ici l'occasion de rendre justice à ces infirmiers, qui tous n'ont eu d'égal à leur dévouement que leur mépris du danger. Pendant ces dix jours de combats et de bombardement sur le plateau d'Avron, partout où il y avait un blessé à secourir, un devoir à remplir, ils y allaient modestement, simplement, en hommes de cœur et d'énergie. Ne cherchant pas le danger par bravade, mais l'affrontant sans peur, ils ont déployé dans cette campagne un courage d'autant plus méritoire, qu'il est plus méconnu, et trop souvent insulté.

Après avoir réuni nos blessés dans l'église de Rosny, il fut convenu avec M. Moÿse, sous-intendant militaire, que le moyen le plus pratique pour les évacuer sur Paris était de mander un train spécial. Un convoi, en effet, vint se mettre à notre disposition vers six heures du soir : tous nos blessés, au nombre de soixante environ et autant de malades, furent conduits dans les wagons et partirent sous la surveillance de deux aides-chirurgiens. Le soir même, nous pouvions remettre au général Vinoy le nombre et les noms des blessés de la journée. L'exactitude et la promptitude avec lesquelles ces états ont été fournis à l'état-major ont été, depuis le début du siége, une des principales raisons qui nous ont valu la bienveillance du général Vinoy.

## VILLE-ÉVRARD. — MAISON BLANCHE.

La nuit du 21 au 22 décembre fut signalée par des alertes qui nous tinrent éveillés et debout jusqu'au jour. A chaque instant arrivaient des fuyards annonçant que nous avions été surpris et chassés de la Ville-Evrard. Aussi étions-nous prêts lorsque, le matin, nous reçûmes l'ordre de nous transporter à la Ville-Evrard et à la Maison-Blanche pour y recueillir les blessés qui avaient été abandonnés pendant la nuit. Nos troupes s'étant repliées, il fallut aller chercher ces malheureux sous l'œil des sentinelles prussiennes qui occupaient les abords de l'établissement. Malgré le danger, personne n'hésita ; 35 blessés furent ramenés, ainsi qu'une quantité considérable de fusils, de sacs et d'objets de campement de toute sorte. Non-seulement nos blessés furent secourus, mais nous pûmes encore délivrer une quarantaine de soldats qui s'étaient cachés dans les caves et n'osaient en sortir. Nous les fîmes évader un à un, leur indiquant la route et les précautions nécessaires pour ne pas être aperçus des Prussiens qui cernaient la Ville-Evrard.

Parmi les morts trouvés à Ville-Evrard figurait malheureusement le général Blaise. Des doutes s'étant élevés sur les circonstances de sa mort, le général en chef nous chargea d'en faire l'autopsie, à laquelle il fut procédé dans l'église de Rosny. Il était important de déterminer si le général avait été tué par une balle française ou par une balle prussienne. Heureusement il résulta de notre examen que la mort avait été causée par une balle prussienne, tirée derrière lui, presque à bout portant; mais, en revanche, nous constatâmes que le général avait respiré pendant un certain temps, et qu'en outre, ce qui était plus fâcheux, il n'avait reçu aucun secours. Son caban n'avait pas été dégrafé, sa tunique n'avait pas été déboutonnée : on l'avait abandonné sans s'enquérir s'il était mort ou vivant.

Le médecin du 112e de ligne ayant disparu dans cette affaire, on me pria d'envoyer l'un d'entre nous, pour assurer le service médical des troupes, jusqu'à ce que la nomination régulière d'un chirurgien militaire fût ordonnée. Le Dr Napieralski fut en conséquence détaché de l'ambulance du quartier général au 112e de ligne, où il a organisé avec intelligence l'enlèvement des blessés et suivi le régiment pendant la fin de la campagne; et il est juste d'ajouter qu'il nous est revenu avec les certificats les plus élogieux de ses chefs.

La journée du 23 décembre se passa tranquille. Nous en profitâmes pour nous ravitailler. Partis de Paris avec trois jours de vivres réunis à la hâte, nous avions épuisé toutes nos provisions; les blessés et les malades, de leur côté, en avaient consommé une bonne part, et, à chaque instant, l'église se remplissait de nouveaux arrivants qui nous demandaient à manger. Dans ces circonstances difficiles, le sous-intendant M. Moyse vint à notre aide; il nous délivra une certaine quantité de rations pour les blessés et pour les infirmiers.

Beaucoup de ces derniers étaient accablés de fatigues et de privations; plusieurs de mes aides étaient eux-mêmes sur les dents. Obligés de coucher sur le par quet, sans paille, dans une maison ouverte à tous les vents, par un froid très-rigoureux, nous n'étions soutenus que par le sentiment du devoir à accomplir. Pendant les dix jours que nous avons passés sur le plateau d'Avron, le froid devint tellement intense que les malades furent presque aussi nombreux que les blessés. Beaucoup de soldats arrivaient avec les pieds et les mains gelés; quelques-uns même succombèrent, malgré les soins les plus minutieux pour les réchauffer. Chaque soir un train venait à Rosny pour les transporter à Paris: grâce à ce service régulier, notre ambulance ne fut jamais longtemps encombrée.

## BOMBARDEMENT

## DU PLATEAU D'AVRON ET DE ROSNY.

Le 26 décembre, dans l'après-midi, le général d'Hugues fut chargé de réoccuper la Maison-Blanche pour en détruire le mur du parc qui masquait les mouvements de l'ennemi. L'opération, vivement conduite, nous coûta très-peu de monde, et les blessés furent tous recueillis et évacués avant que l'ennemi eût eû le temps d'opérer un retour offensif.

Mais il nous ménageait une terrible surprise pour le lendemain : il était à peine jour que commençait le bombardement du plateau d'Avron et du fort de Rosny. Alors s'engagea de part et d'autre un terrible combat d'artillerie qui ne cessa qu'à la nuit. Nous n'attendîmes pas la fin pour accourir au secours de nos blessés. Dès le matin, la plupart des chirurgiens et des brancardiers se transportèrent sur le plateau ; les voitures suivirent de près et toute la journée firent le service du plateau d'Avron à l'ambulance de Rosny. Près de cent blessés furent ainsi transportés sous une pluie d'obus, et, vers cinq heures, ils étaient tous installés dans le train qui devait les conduire à Paris.

Le lendemain 28 décembre, le bombardement recommença avec une nouvelle furie, avec cette différence toutefois que nos batteries du plateau reçurent l'ordre de ne pas répondre au feu de l'ennemi. Celui-ci en profita pour donner à son tir une nouvelle précision. Le plateau était tellement balayé par les obus qu'on ne pouvait s'y montrer à découvert sans entendre aussitôt un obus siffler aux oreilles et éclater autour de vous. Nos soldats, couchés dans la neige au fond des tranchées ou abrités dans les caves, ne pouvaient en sortir sans s'attirer immédiatement une grêle de projectiles. Malgré ce feu terrible, nous parcourûmes le plateau toute la journée, recueillant les blessés et les morts dans les tranchées, et les rapportant sur des brancards jusqu'à nos voitures. Plusieurs d'entre nous furent atteints, légèrement il est vrai, et si je devais relater tous les traits de courage dont j'ai été le témoin pendant cette rude journée et les deux suivantes, il me faudrait citer presque tous les noms des chirurgiens et aussi des cochers et infirmiers. Qu'il me suffise de constater que personne ne faillit à son devoir.

Quatre-vingts blessés furent ainsi recueillis dans la journée et après avoir été pansés à l'ambulance de Rosny furent évacués le soir par le chemin de fer.

Ces évacuations successives avaient presque épuisé notre matériel. Le soir du 27 décembre, il ne nous restait plus ni brancards, ni couvertures. M. le baron Mundy vint heureusement à notre secours, et grâce à lui, nous reçûmes un supplément de matériel qui nous permit de répondre désormais à tous les besoins du service.

## ÉVACUATION D'AVRON.

Dans la journée du 28, le gouverneur de Paris vint au plateau d'Avron, en parcourut les tranchées, comme déjà la veille l'avait fait le général Vinoy. A la suite de cette visite, un conseil de guerre fut tenu au fort de Rosny, et il y fut décidé que le plateau d'Avron allait être évacué pendant la nuit. Aussitôt que cette nouvelle nous parvint, nous voulûmes nous-mêmes explorer une dernière fois toute la surface du plateau, pour n'y laisser ni blessé ni mort.

Vers dix heures du soir on se mit en route. Tous les replis du plateau, toutes les maisons furent successivement visités : aucun blessé n'y était resté. Les ambulances de la marine, de la mobile et de la ligne avaient été évacuées et ne contenaient plus personne. Quelques morts seulement furent, les uns enterrés sur place, les autres transportés au cimetière de Rosny. Cette mission très-pénible ne fut achevée que vers trois heures du matin.

Le lendemain 29 décembre, Avron étant évacué, tout l'effort de l'ennemi se tourna contre les forts de Rosny, Nogent et Noisy. Le village de Rosny même n'avait guère entendu jusque-là que le sifflement incessant des obus qui se croisaient sur nos têtes ; à peine quelques projectiles trop courts avaient-ils atteint le village et occasionné quelques blessures. Mais les Prussiens supposèrent avec raison que nos troupes avaient dû se replier du plateau dans le village ; et prenant alors le clocher de l'église pour point de mire, malgré le drapeau d'ambulance qui le surmontait, ils dirigèrent, à deux reprises dans la journée, tous leurs coups sur le village.

Notre position devenait ainsi extrêmement critique. L'église était pleine de blessés et à chaque instant il en arrivait de nouveaux. Autour de nous les obus de gros calibre faisaient des ravages terribles : la fontaine de la place de l'église volait en éclats, la sacristie était défoncée, le toit et les murs de l'édifice étaient labourés par d'énormes éclats de projectiles. Nos blessés étaient dans des angoisses faciles à comprendre, et nous nous efforcions vainement de les rassurer. Certes, si la chose eût été possible, il était de notre devoir de les soustraire au danger ; mais on ne pouvait songer à les emmener à Paris, la route qu'il nous eût fallu suivre étant incessamment balayée par les obus et personne n'osant s'y engager.

Enfin vers quatre heures arriva le train qui devait les recueillir.

Le convoi devait passer à son retour sous le feu des batteries ennemies ; malgré le drapeau neutre arboré en tête de la machine, l'ennemi avait tiré sur le train pendant sa marche, et le conducteur nous signifia de n'avoir plus désormais à compter sur le chemin de fer pour évacuer nos blessés. Ce ne fut pas sans crainte que nous les vîmes partir, sous la surveillance d'un nombre de chirurgiens double des jours précédents. Cependant, grâce à la rapidité de sa marche, le convoi put échapper aux coups de l'ennemi et rentrer sain et sauf à Paris.

La nuit venue, le feu se ralentit et cessa bientôt tout à fait. Les troupes qui encombraient le village se replièrent sur Paris, laissant seulement des avant-postes dans le village de Rosny. Nous-mêmes fîmes nos dispositions pour quitter une position trop exposée, où notre présence devenait du reste inutile. Sur la demande du général d'Argentol, trois infirmiers restèrent seuls avec quelques brancards pour accompagner les dernières troupes, et le soir même ils nous rejoignaient à l'École d'état-major.

Si la lutte eût continué, je ne sais si nous eussions pu résister plus longtemps aux fatigues et aux privations de toute sorte endurées pendant ces dix jours; tous, nous étions plus ou moins souffrants. Deux de nos infirmiers se mettaient au lit dès le lendemain de notre retour, et la maladie qu'ils avaient contractée au plateau d'Avron devait, quelques jours après, les emporter tous les deux. Un troisième, atteint par la chute d'un mur qu'un obus venait de renverser, avait dû être transporté à l'hôpital. Aussi les quelques jours qui suivirent nous furent-ils très-utiles pour nous remettre de nos fatigues et nous permettre de faire de nouvelles provisions d'objets de pansement.

## BOMBARDEMENT DE LA RIVE GAUCHE.

Le 5 janvier commença le bombardement des forts du Sud et de la rive gauche de la Seine. Dès que nous sûmes qu'il y avait des blessés, nous nous mîmes en rapport avec les commandants de place, afin d'évacuer sur Paris leurs blessés et leurs malades. Déjà les forts de Montrouge et de Vanves avaient procédé à cette opération ; mais le fort d'Issy, qui avait le plus souffert, nous vit arriver avec un plaisir non dissimulé ; et, à partir de ce jour jusqu'au 18 janvier, nos voitures allèrent régulièrement chaque soir recueillir les malades et les blessés de la journée. Cent cinquante soldats ou marins ont été ainsi rapportés à Paris par nos soins. Il est juste d'ajouter que ces expéditions n'étaient pas sans danger ; il fallait charger les blessés à découvert, sous une véritable pluie de projectiles, et quand les soldats du fort, abrités dans les casemates, osaient à peine se montrer pour nous guider, nous devions traverser la cour avec des voitures chargées de blessés. Nos infirmiers, déjà aguerris par le bombardement d'Avron, surent habilement profiter de la présence des casernes et des épaulements pour protéger la sortie des blessés, et nous n'eûmes heureusement aucun accident à déplorer.

Outre ces expéditions périlleuses exécutées chaque soir pendant toute la durée du bombardement, nous dûmes souvent en faire d'analogues aux Hautes-Bruyères et au Moulin-Saquet, où les obus faisaient journellement quelques victimes.

## MOULIN-DE-PIERRE.

Dans la soirée du 11 janvier, nous fûmes avertis par le général de Valdan qu'on allait tenter, vers deux heures du matin, une sortie de nuit contre des ouvrages que l'ennemi construisait depuis quelques jours au Moulin-de-Pierre. Pour parer à toutes les éventualités, deux de nos voitures partirent vers minuit pour se rendre à la petite gare de Clamart, dernière limite de nos avant-postes.

Les marins menèrent cette petite affaire avec tant de promptitude et d'énergie, qu'en moins de dix minutes ils avaient surpris et emmené prisonnier tout le poste ennemi. De notre côté, il y avait à peine trois ou quatre blessés et un tué, qui furent recueillis par l'ambulance de la division du général Corréard. Notre intervention avait été heureusement inutile.

Autant la première affaire du Moulin-de-Pierre avait été peu sanglante, autant la sortie de nuit du 13 au 14 janvier fut désastreuse. L'attaque devait avoir lieu à sept heures du soir, et, à ce moment, nous étions tous à notre poste, blottis derrière les bâtiments de la petite gare de Clamart et très-mal protégés contre les obus que lançaient, sur les glacis du fort d'Issy, les batteries prussiennes de Châtillon et de Meudon. Déjà une partie des troupes qui devaient être engagées les premières, mobiles de la Seine, gardiens de la paix et marins, garnissaient les tranchées; on n'attendait plus qu'une brigade de réserve pour engager l'action, mais elle ne paraissait pas.

Quatre heures d'attente se passèrent ainsi sans pouvoir faire un mouvement, par un froid glacial, les pieds dans la neige! Aussi, malgré les ordres sévères qui avaient été donnés, les soldats ne tardèrent pas à battre le sol de la semelle de leurs souliers; d'autres allumèrent des feux; plusieurs déchargèrent involontairement leurs armes : et lorsque, vers minuit, arrivèrent les mobiles, il n'était pas difficile de prévoir que l'ennemi, déjà mis sur ses gardes par la sortie de l'avant-veille, averti de notre présence par le murmure des voix et les détonations imprudentes, avait eu le temps de se préparer et allait nous recevoir par une décharge terrible. C'est, en effet, ce qui eut lieu.

A peine les soldats se mirent-ils en mouvement qu'on entendit un premier coup de fusil de la sentinelle ennemie qui se repliait, puis un second, puis, quelques minutes après, une décharge générale terrible, rompant tout à coup, comme un cri déchirant, le silence de la nuit. Ces sorties nocturnes ont quelque chose de terrifiant : partout autour de vous sifflent les balles, sans qu'on puisse se rendre compte de quel côté elles partent. Le danger est aussi grand derrière vous que devant l'ennemi, et il est certain que pendant un moment nos soldats tirèrent les uns sur les autres. Heureusement, la fusillade ne fut pas de longue durée. Pour nous, au milieu de ce désordre, nous restâmes à notre poste, allant recueillir les blessés tombés en avant des tranchées, les chargeant dans nos voitures et les expédiant sur Issy, où un dépôt provisoire avait été préparé pour les recevoir. Cinquante hommes environ furent ainsi réunis, puis dirigés immédiatement sur le Grand-Hôtel. Le manque de voitures nous obligea d'en laisser quelques-uns à Issy, d'où ils ne furent évacués que vers huit heures du matin.

D'ailleurs le transport ne s'opéra qu'au prix des plus grandes difficultés; le verglas avait rendu la route presque impraticable. A chaque instant les chevaux s'abattaient, et, à plusieurs reprises, il fallut traîner nos voitures à bras. Enfin, au point du jour, tous étaient couchés, et ces malheureux, à moitié gelés, purent être réchauffés.

L'un de nous, resté au fort, fut chargé de ramener à pied un convoi de dix-huit malades pour lesquels il avait été impossible de trouver des voitures.

## MONTRETOUT.

Dans la soirée du 18 janvier, le général de Valdan nous envoya l'ordre de nous transporter à Suresnes et d'y installer notre ambulance dès le point du jour. La plus grande partie de la soirée fut employée en préparatifs en vue d'une grosse affaire, et, à trois heures du matin, nous partions pour prendre position à l'endroit indiqué. Ainsi qu'il était facile de le supposer, la route était encombrée de troupes : les gardes nationaux, les mobiles, les soldats de la ligne, l'artillerie, etc., étaient massés dans l'avenue de Neuilly, à la tête du pont de Courbevoie qui, malgré sa largeur, ne présentait qu'un débouché tout à fait insuffisant pour livrer passage à ces milliers d'hommes.

Après un arrêt de plus de deux heures, voyant que

le jour allait apparaître, nous nous mîmes à la recherche d'un chemin détourné pour arriver jusqu'au pont ; et, après un assez long circuit, nous pûmes enfin franchir la Seine et atteindre le lieu de notre destination. Une vaste usine fut vite trouvée, pouvant recevoir un grand nombre de blessés, et tous les chirurgiens et infirmiers rejoignirent le poste qui leur avait été assigné pour le combat.

Il était à peine huit heures du matin. Un coup de canon tiré du Mont-Valérien donna le signal de l'attaque. L'armée comptant plus de cent mille hommes était divisée en trois colonnes; celle de gauche, sous le commandement du général Vinoy et la seule dont nous avions à nous occuper, devait s'emparer des hauteurs de Saint-Cloud, Montretout et du parc de Béarn.

La redoute qui couronne ce plateau fut attaquée avec vigueur et résolution par nos troupes, et en moins d'une heure elle tomba en notre pouvoir avec un certain nombre de prisonniers. Nos pertes, à ce moment, étaient peu considérables. Les blessés furent rapidement enlevés, et après un premier pansement transportés à l'ambulance de Suresnes. Ceux qui étaient tombés dans la redoute même ne furent pas recueillis sans danger. L'ennemi, abrité dans les maisons situées au delà de la redoute, faisait pleuvoir sur nous une grêle de balles, et leurs obus, lancés par les batteries de Garches, rendaient très-périlleux le transport de nos blessés. A ces dangers s'ajoutaient les difficultés de la route : les chemins et les champs détrempés par le dégel et la pluie des jours précédents, formaient comme un lac de boue dans lequel nos infirmiers s'avançaient péniblement avec leurs brancards.

Un fait entre mille démontrera le dévouement de ces

hommes. Au delà de la redoute de Montretout est un petit bois, où venaient de tomber blessés un capitaine et un soldat de la garde nationale. Leurs camarades, voyant arriver quatre de nos infirmiers, demandèrent leurs brancards pour aller les relever eux-mêmes, ajoutant que l'endroit était trop dangereux pour les exposer aux balles qui sifflaient incessamment sur ce point : « Nous ne quittons pas plus nos brancards que vous ne cédez vos fusils, répondirent ces hommes ; chacun son métier. Indiquez-nous seulement l'endroit où sont tombés vos camarades, et nous irons les chercher. » Et ils y allèrent en effet.

Vers midi, l'action devenant plus vive vers le parc de Béarn, nous dirigeâmes de ce côté tous nos efforts. C'est là que nous fûmes rejoints par les brancardiers de Seine-et-Oise, que M. le sous-intendant militaire avait envoyés à notre aide. Tant que ces hommes peu aguerris n'entendirent siffler à leurs oreilles ni les balles, ni les obus, tout alla bien. Mais, vers trois heures, les Prussiens ayant fait un retour offensif sur cette partie du plateau, ces brancardiers se replièrent vers les réserves de la garde nationale qui stationnaient au pied du plateau. Un peu de désordre s'ensuivit d'abord ; mais les soldats engagés en avant d'eux tinrent ferme et repoussèrent courageusement l'ennemi.

A ce moment aussi, de nombreuses voitures d'ambulance, refluant de la ferme de la Fouilleuse, encombraient les chemins et gênaient le mouvement de l'artillerie. Beaucoup de ces voitures étaient vides et erraient sans commandement ni direction ; leur présence devint un embarras tel que le général dut, non sans peine, les faire éloigner.

Malgré le désordre qne la nuit venait encore augmenter, nous continuâmes d'évacuer nos blessés vers Suresnes. Là, notre ambulance avait déjà reçu plus de deux cents blessés et un immense atelier, qui formait le rez-de-chaussée, était encombré. Il existait bien audessus un second atelier, mais il était occupé par un bataillon de la garde nationale. Pressés par la nécessité, nous dûmes nous en emparer en l'absence des gardes nationaux, sachant bien qu'à leur retour, ils ne nous blâmeraient pas d'avoir choisi ce gîte pour leurs camarades blessés. Ce vaste local nous permit d'installer tous ceux que leur blessure n'empêchait pas de marcher et notre besogne fut singulièrement facilitée.

Pendant ce temps la nuit était venue et la fusillade avait cessé de part et d'autre. Le gouverneur, voyant l'insuccès de l'attaque de l'aile droite, et craignant sans doute de compromettre le centre et l'aile gauche, ordonna aux troupes engagées d'aller reprendre leur campement de la veille, et l'on évacua successivement toutes les positions conquises à gauche et au centre.

C'est alors qu'un chirurgien de la garde nationale vint nous annoncer qu'il avait laissé une trentaine de blessés dans une maison isolée située au sommet du plateau de Montretout, et il nous supplia de les enlever pour ne pas les laisser tomber au pouvoir de l'ennemi. Nous n'avions à ce moment ni voitures ni infirmiers. Il nous fallut recourir aux brancardiers de Seine-et-Oise ; une dizaine d'entre eux finirent par se rendre à notre demande, et, après nous être munis de lanternes, nous partîmes pour l'endroit indiqué. A moitié chemin, la plupart de ces hommes nous abandonnèrent, ne pouvant, disaient-ils, aller plus loin dans de pareils chemins. Les plus dévoués nous suivirent, tout en se plaignant amèrement de la corvée qui leur était imposée.

Enfin nous traversâmes, au milieu d'une obscurité profonde, les derniers avant-postes français, et après une demi-heure de marche dans la boue jusqu'au genou, nous atteignîmes la maison qui nous avait été indiquée par le chirurgien de la garde nationale.

Là, gisaient étendus sur le sol dix-huit blessés, pêle-mêle, au milieu des morts; sept autres s'étaient réfugiés dans la cave avec deux Prussiens également blessés. Tous ces malheureux, se croyant abandonnés, exhalaient des plaintes amères. Plusieurs gardes nationaux surtout nous imploraient à grands cris pour rejoindre leurs familles. Ils étaient là depuis plusieurs heures, sans lumière, se heurtant les uns contre les autres, mourant de soif, transis de froid et au désespoir de tomber d'un instant à l'autre entre les mains des Prussiens. Quelle joie, quand ils nous virent arriver avec des brancards! et cependant la route était si longue, le chemin si mauvais, que nous nous vîmes dans l'impossibilité absolue de pouvoir les transporter tous sur des brancards : à tout prix, il fallait des voitures. Laissant alors quatre chirurgiens et les brancardiers auprès d'eux pour les panser, les rassurer et satisfaire leur soif ardente, je revins à la hâte jusqu'à un petit hameau appelé la Briqueterie, dernière limite de nos lignes. Là, quatre voitures de la Société de secours stationnaient encore et se disposaient à emporter des blessés. Je priai le chef de cette ambulance de venir avec moi chercher d'abord les blessés qui, restés au delà de nos lignes, pouvaient, d'un moment à l'autre, être faits prisonniers; il refusa formellement de s'engager au delà des avant-postes. Voyant prières et menaces inutiles, je tentai d'emmener des cacolets que les infirmiers militaires étaient en train de dégarnir quelques pas plus loin; mais les mulets fatigués et exténués ne pouvaient plus marcher. Alors, résolu d'en venir aux moyens extrêmes, j'insistai avec une nouvelle énergie auprès de mon confrère, et obtins enfin qu'il mît ses voitures à notre disposition. Ainsi furent recueillis les blessés que l'ennemi ne nous eût certainement pas permis d'emporter quelques heures plus tard.

Après avoir parcouru, au milieu de la nuit, toutes les positions conquise le matin, puis évacuées dans la soirée par les troupes du général Vinoy, sans que l'ennemi eût osé les occuper, nous revînmes à l'ambulance, où plusieurs opérations urgentes réclamaient notre présence. C'est ainsi qu'à la lueur de quelques bougies, nous dûmes amputer les deux jambes d'un soldat dont un obus avait broyé et réduit en une bouillie sanglante les deux pieds à la fois.

Pendant ce temps, un train de chemin de fer, que nous avions demandé à la gare de Saint-Lazare, arrivait à Suresnes. Une centaine de blessés, qui pouvaient marcher et se tenir assis, furent embarqués et partirent pour Paris vers deux heures du matin. Tous les autres ne pouvant être évacués que couchés sur des brancards, il fut convenu qu'un second train composé de fourgons reviendrait à Suresnes dès le point du jour.

Malgré deux nuits passées sans sommeil, malgré les fatigues de toute une journée et une nuit employées à panser et relever nos blessés, et, il faut le dire aussi, malgré la privation d'une nourriture suffisante et réparatrice, chirurgiens et infirmiers ne prirent aucun repos que tous les pansements ne fussent achevés et tous les blessés alimentés, autant que le permettaient nos faibles ressources à cet égard.

Dès notre arrivée, deux infirmiers avaient été chargés de tenir constamment préparées de grandes marmites de vin chaud, de thé et de punch. Grâce à ces précautions, nous pûmes étancher la soif et rassasier la faim de ces malheureux.

Le jour nous retrouva encore debout au milieu de ces occupations. Avant l'arrivée du second train, nous commençâmes le transport des blessés à la gare de Suresnes : quatre-vingt-treize blessés sur des brancards et trente-neuf autres assis prirent place dans les wagons et sous la surveillance de deux chirurgiens partirent pour la gare Saint-Lazare. Il nous restait encore un certain nombre d'hommes au dépôt, et, à chaque instant, il nous en arrivait d'autres, amenés par une partie de l'ambulance, qui, dès le matin, s'était de nouveau portée sur le champ de bataille. Nous dûmes commander un troisième convoi pour midi ; vers une heure, une centaine de blessés étaient expédiés sur les hôpitaux de Paris.

Les quelques malades et blessés que nous recueillîmes ensuite furent confiés à des voitures d'ambulance venues de Paris dans l'après-midi.

En résumé, pendant ces deux rudes journées (19 et 20 janvier), nous avons relevé, pansé et évacué plus de 350 blessés. Si, en face de ce résultat, on tient compte du petit nombre de notre personnel, d'un matériel restreint à trois voitures de transport, si surtout on se rappelle l'état pitoyable des champs et des chemins, on jugera des efforts qu'il nous a fallu faire pour arriver à ne laisser aucun blessé sur un champ de bataille presque aussitôt abandonné que conquis.

Nos blessés mis en sûreté, nous pûmes enfin nous occuper de nous-mêmes. Notre départ précipité ne nous avait pas laissé le temps de nous approvisionner, on sait du reste qu'à cette époque il était impossible de se procurer chez les boulangers autre chose que sa ration quotidienne de 300 grammes. Cependant, pour ne pas être pris complétement au dépourvu, nous avions emprunté quelques pains à la réserve de notre petit hôpital de l'École polonaise. Nous avons dû à cette précaution de ne pas tout à fait mourir de faim le jour de la bataille. Mais le lendemain, il ne nous restait absolument rien. Sur notre prière, les gardes nationaux établis à côté de nous voulurent bien nous céder deux pains. Enfin l'intendance vint à notre secours, et nous pûmes, dans l'après-midi, réparer nos forces épuisées par la fatigue.

## RETOUR.

Cependant toutes les troupes s'étaient successivement repliées autour de nous et avaient repris leurs cantonnements; la nuit arrivait, et, notre rôle étant fini, nous dûmes aller prendre les ordres du général, qui, se disposant lui-même à regagner Paris, nous fit dire de rentrer à sa suite. Vers huit heures, toute l'ambulance s'achemina vers Paris et rentra dans la soirée dans son cantonnement à l'École d'état-major.

Deux jours après, le *Journal officiel* avait à peine annoncé la démission du général Trochu et la nomination du général Vinoy au commandement de l'armée de Paris, que des troubles éclatèrent dans la ville. Vers deux heures, nous apprîmes que des coups de fusil avaient été échangés entre la garde nationale et les mobiles chargés de garder l'Hôtel-de-Ville : on disait qu'il y avait des morts et des blessés. Aussitôt des ordres furent donnés pour que l'ambulance se tînt prête à marcher au premier signal, et je courus à cheval vers l'Hôtel-de-Ville pour apprécier l'utilité de notre intervention. La place était occupée militairement et les blessés avaient été recuillis dans les maisons particulières ou transportés à quelques pas de là à l'Hôtel-Dieu.

Le général Vinoy arriva bientôt sur la place, donna des ordres pour la nuit, et nous pria seulement de nous tenir prêts à marcher au premier appel en cas de besoin. Tous nos infirmiers et cochers furent consignés cette nuit-là ; mais, heureusement, nous n'eûmes pas à intervenir.

La situation nouvelle faite au général Vinoy allait-elle modifier celle de notre ambulance ? Depuis la fin de novembre nous remplissions auprès de lui, à titre auxiliaire, les fonctions d'ambulance du grand quartier général de la 3e armée. Nous dûmes donc nous présenter à l'État-major et demander quelles étaient ses intentions à notre égard. Le général de Valdan nous répondit que nous avions rendu assez de services au 13e corps, puis à la 3e armée, pour avoir conquis le droit de suivre le général Vinoy dans sa nouvelle position, et qu'en conséquence, nous devions rejoindre au Louvre le grand quartier général.

Quelques jours plus tard, l'armistice était signé, et notre rôle semblait désormais terminé.

Le 28 janvier, nous allâmes au Grand-Hôtel proposer à M. Chenu de licencier l'ambulance. Aucune mesure définitive n'avait encore été prise par le Conseil de la Société; toutefois il avait été décidé qu'on licencierait pour le moment la moitié du personnel de toutes les ambulances. En conséquence, dix chirurgiens et dix infirmiers reçurent une gratification d'un mois et demi de traitement et quittèrent l'ambulance.

Depuis lors, notre rôle s'est borné à évacuer les soldats malades ou blessés accidentellement. En outre, nous avons continué à donner nos soins aux blessés convalescents restés dans nos ambulances.

---

## SERVICES HOSPITALIERS.

Après avoir exposé aussi brièvement que possible, le rôle de l'ambulance sur les champs de bataille, il nous reste maintenant quelques mots à dire sur les blessés que nous avons traités, à demeure, jusqu'à leur convalescence ou à leur guérison complète.

Déjà nous avons fait observer qu'après l'affaire de Créteil, trois blessés n'ayant pu être transportés à Vincennes étaient restés à l'ambulance de Saint-Mandé, leur état ne nous ayant permis de les évacuer qu'une dizaine de jours plus tard.

Après notre retour de Versailles, nous dûmes nous préoccuper de chercher, dans les environs de la gare, quelques lits destinés à recevoir les blessés assez gravement atteints pour ne pouvoir être portés au loin sans danger, ou encore les blessés qui, arrivant au milieu de la nuit, n'auraient pu facilement trouver place ailleurs. En outre, l'établissement d'un petit hôpital permanent avait l'avantage d'exercer et d'habituer nos infirmiers à manier les blessés, à les soigner, à les transporter; c'était pour tous une source d'instruction et un lien qui maintenait la cohésion et la discipline dans l'ambulance pendant les intervalles de repos entre chaque bataille.

A cette époque, la plupart des riches propriétaires avaient créé de petites ambulances. Il ne nous fut donc pas difficile de trouver une quarantaine de lits : l'École polonaise en mit vingt à notre disposition; tout à côté, M. Belloir avait construit une salle de dix lits; un peu plus loin, M. Ducoux en avait installé une dizaine dans son hôtel. Ces derniers lits ne nous ont pas beaucoup servi; leur mauvaise installation dans une salle basse et humide nous força de retirer nos blessés de l'ambulance de M. Ducoux dès le second jour de leur admission.

L'économe de l'École polonaise, et M. Belloir nous ont apporté un concours très actif et bienveillant, que nous sommes heureux de constater ici. Plus tard, lorsque les blessés convalescents n'eurent plus besoin de soins aussi journaliers et aussi attentifs, nous trouvâmes deux ambulances plus éloignées, comptant chacune six lits, où, sous notre surveillance, les blessés achevèrent leur guérison, entourés des soins les plus fraternels et les plus dévoués de la part des comtes Plater et Branicki.

Avant de traiter le côté scientifique de notre intervention, il est bon de faire remarquer qu'outre les soins chirurgicaux donnés à nos blessés, il nous a fallu les nourrir, au moins en partie, pendant leur séjour dans nos salles. On sait que les rations délivrées par l'Intendance, à peine suffisantes pour des hommes valides, l'étaient encore moins pour les blessés. De là une source de dépenses et de soins spéciaux auxquels on devait pourvoir chaque jour, et pour ainsi dire chaque minute. Et, comme les journées réunies de tous les blessés soignés dans l'ambulance ne s'élèvent guère au-dessous du chiffre *de trois mille*, on devine les difficultés qu'il nous a fallu surmonter, et parfois les inquiétudes qui nous ont assiégés pour subvenir à leur alimentation.

Le nombre des individus que nous avons recueillis sur les champs de bataille, pendant la durée du siége, et *dont nous avons les noms inscrits sur nos registres, s'élève à* **1,408**. Beaucoup d'autres ont été évacués directement sur les hôpitaux de Paris, avant que le temps ne nous ait permis d'en dresser la liste, et nous n'exagérons certainement pas les chiffres en évaluant à deux mille le nombre total de ceux qui ont reçu nos soins.

Sur les **1,408** militaires qui figurent sur nos listes, on compte 363 malades et 51 morts ; tous les autres ont été relevés blessés, et la nature de leurs blessures a été indiquée sur les états fournis soit à l'intendance militaire, soit à la Société de secours.

Parmi ces blessés, 98 seulement ont reçu des soins permanents dans les ambulances dont nous avions la direction entière. Ce chiffre restreint s'explique aisément par ce fait, que l'ambulance appelée à jouer un rôle éminemment actif au 13e corps d'abord, puis à la 3e armée comme ambulance du quartier-général, était à chaque instant exposée à des déplacements considérables et ne pouvait dès lors se charger que d'un très-petit nombre de blessés à la fois. Aussi une statistique basée sur des chiffres aussi restreints ne saurait-elle offrir toute la valeur désirable. Néanmoins nous avons obtenu de tels résultats, que nous devons faire connaître quand même ce qui, à notre avis, nous les a valus.

Le fait le plus frappant d'abord, c'est l'absence complète et absolue d'infection purulente dans nos diverses ambulances. A quoi tient cette exception ? Serait-ce au soin que nous prenions de ventiler les salles, de changer les blessés de lit, ou bien serait-il dû à la température qui, malgré nous, se maintenait très-basse dans nos salles à cause du manque de combustible? Nous n'en savons rien : mais, ce qui est certain, c'est que nous avons conservé nos blessés depuis le jour de leur blessure jusqu'à leur convalescence, c'est-à-dire pendant l'époque la plus favorable au développement de la pyohémie ; nous avons fait des amputations et des désarticulations, nous avons gardé pendant des mois des fractures compliquées de jambe, des fractures de la mâchoire, des plaies de tête, blessures qui sont si souvent suivies de cette terrible complication, et cependant nous ne l'avons jamais vue apparaître.

Ce fait est d'autant plus remarquable qu'il nous est arrivé plusieurs fois de transporter dans d'autres ambulances des blessés pleinement convalescents et d'apprendre quelques jours après leur mort par infection purulente, et cela pour des blessures très-légères ; témoin ce Bavarois atteint d'une plaie en séton à la cuisse, ou cet amputé d'une phalange, ou ce désarticulé de l'épaule, qui resta chez nous soixante-sept jours après son opération, et qui mourut néanmoins d'infection purulente un mois après son évacuation.

La seule conclusion logique qui ressort de ces faits nous paraît simple : c'est que jamais on ne devrait transporter des blessés dans une ambulance où s'est développée la pyohémie, alors même qu'elle n'y règne plus au moment de leur entrée.

Comme nous le verrons tout à l'heure, nous avons eu peu de fractures compliquées des membres ; mais le petit nombre de celles que nous avons observées, et les résultats que nous avons obtenus de la chirurgie conservatrice suffisent pour nous convaincre qu'elle est préférable à l'amputation dans la grande majorité des cas.

Ainsi, nous avons vu des fractures de jambe extrêmement graves, avec des esquilles nombreuses, ou des fusées purulentes ; nous avons vu des écrasements des os du carpe et du tarse, avec leurs articulations envahies par la suppuration ; pour tous ces cas, nous nous sommes contentés de répondre aux indications : immobiliser d'abord le membre, faciliter l'écoulement du pus par des débridements et des drainages, extraire les esquilles. Grâce à ce traitement simple, les blessés ont guéri ; ils gardent, il est vrai, de la raideur dans le jeu des articulations et des tendons, mais combien cet état n'est-il pas préférable aux chances d'une amputation d'abord, et ensuite à la privation d'un membre.

Pour compléter ces généralités sur les résultats obtenus dans notre ambulance permanente, nous allons passer en revue, selon leur siége et leur gravité, les blessures que nous avons eu à traiter dans les différentes parties du corps.

## PLAIES DE TÊTE.

Les plaies de la tête et du cou sont au nombre de sept : deux ont entraîné la mort presque immédiate.

De ces deux individus, l'un est un artilleur qui a sauté avec son caisson sous le choc d'un obus prussien. Ce malheureux était couvert des blessures les plus graves. Il fallut lui amputer un bras sur le champ de bataille, ou plutôt régulariser un bras aux trois quarts emporté ; mais, dans la nuit même, il succombait à une large plaie de tête avec enfoncement des os du crâne et hernie du cerveau, au milieu d'une agitation et d'accès de rage impossibles à maîtriser. A trois reprises, et quoique énergiquement contenu par deux infirmiers, il arracha le pansement de son moignon, dont il déchirait les lambeaux avec les ongles de la main qui lui restait.

L'autre est un ancien infirmier de notre ambulance qui, sur le plateau d'Avron, eut le sommet du crâne emporté par un éclat d'obus. La substance cérébrale était à nu sur un espace large comme une pièce de 5 francs. La mort était imminente lorsqu'il fut évacué.

Les cinq autres blessés ont guéri.

Il est juste d'ajouter que trois d'entre eux avaient des plaies simples, sans fractures, mais avec dénudation des os.

Les blessures des deux autres étaient graves ; l'une surtout mérite une mention spéciale : c'est encore un des artilleurs blessés à Châtillon par l'explosion du caisson, dont nous venons de parler. Ce malheureux était littéralement couvert de blessures ; on en a compté jusqu'à 23. Outre une fracture compliquée de la mâchoire, que nous ne pûmes contenir que par la suture osseuse, il avait, au niveau de la suture fronto-pariétale gauche, une large plaie béante avec dénudation de l'os et fracture du rocher du côté opposé. Tous les signes de cette dernière lésion étaient des plus manifestes : écoulement de sang, puis de sérosité et finalement de pus par l'oreille droite ; paralysie de la paupière, de la joue et de la lèvre du même côté, diplopie, etc.... Malgré la multiplicité et la gravité de ses blessures, cet homme a complétement guéri. A peine aujourd'hui peut-on constater un léger défaut d'action du nerf facial.

### PLAIES DE POITRINE.

Les plaies de poitrine nous ont donné peu de succès : trois guérisons contre dix morts, parmi lesquels figure le général Blaise, dont nous avons raconté l'autopsie. Un seul des survivants offre de l'intérêt.

C'est un jeune soldat breton, frappé le 13 octobre à Châtillon par quatre balles, dont une avait traversé obliquement le poumon gauche, fracturant une côte et causant un épanchement de sang considérable dans la poitrine. Ce n'est guère qu'au bout de trois mois, après des complications inquiétantes, que cet homme put être considéré comme définitivement guéri.

Au nombre des morts, se trouve l'officier prussien dont nous avons déjà parlé. Ce jeune homme était médecin à Munich lorsqu'éclata la guerre ; sa qualité de confrère nous obligeait à redoubler de soins pour le sauver, mais sa blessure était au-dessus des ressources de l'art ; la balle avait traversé de part en part le côté gauche de la poitrine, à trois travers de doigt au-dessous de la clavicule et assez près du sternum ; l'air ne trouvant aucun obstacle avait suivi la rétraction du poumon; l'abondance et la répétition des hémorrhagies indiquaient une lésion probable des gros vaisseaux qui occupent la racine de cet organe De la glace fut maintenue sur la plaie, mais sans résultat, la mort arriva le troisième jour.

BLESSURES DE L'ABDOMEN.

Sur 9 individus recueillis à l'ambulance pour des blessures de l'abdomen, six seulement étaient atteints de plaies pénétrantes, dont une seule a guéri définitivement dans des conditions qu'il importe de rappeler brièvement.

Il s'agit d'un soldat qui le 17 septembre, à Créteil, reçut une balle qui traversa le ventre de part en part au niveau de l'épigastre. La douleur et les vomissements semblèrent annoncer l'imminence d'une péritonite qui n'eut pas lieu. Et cependant le rein, au moins, avait été intéressé, puisque les urines furent sanguinolentes pendant quelques jours. Tous ces accidents se dissipèrent; les plaies opposées se cicatrisèrent, mais le blessé a conservé une sorte de torpeur intellectuelle assez étrange.

L'absence de péritonite n'est pas moins extraordinaire dans le cas suivant : au combat de Châtillon, le nommé Hogniat fut atteint par une balle qui, après avoir traversé l'os iliaque et perforé le gros intestin, alla se loger au-dessus de l'aine du côté opposé, où elle fut extraite. Il en résulta un anus artificiel à travers le trou osseux de la fosse iliaque. L'issue des des matières au dehors ne laissait aucun doute sur l'existence d'une perforation intestinale, et cependant aucun signe de péritonite n'apparut. La guérison de cette grave blessure paraissait assurée; cet homme pouvait se lever, il mangeait, buvait, fumait comme en pleine santé, lorsque le 2 janvier il mourut subitement pendant le pansement de sa plaie. Un léger œdème de la face survenu les jours précédents, sans albumine dans les urines, n'était certes pas suffisant pour nous permettre de prévoir une fin si instantanée.

Parmi les autres causes de décès à la suite de ce genre de blessures, on compte deux péritonites, une éventration par éclat d'obus et une perforation de la vessie.

Cette dernière cause de mort offre ceci d'intéressant qu'elle est due à un ramollissement inflammatoire dont l'origine ne saurait être expliquée que par la paralysie de ce réservoir. En effet, la balle, comme l'autopsie l'a démontré, après avoir écorné la crête iliaque, avait pu traverser la fosse iliaque sans intéresser le péritoine, puis elle avait franchi l'articulation sacro-iliaque, sectionné les nerfs de la queue de cheval, et ne s'était arrêtée qu'au milieu de l'articulation sacro-iliaque du côté opposé. La destruction des nerfs de la moelle explique l'atonie vésicale; la stagnation de l'urine rend compte de l'inflammation, puis de la perforation de l'organe qui causa la péritonite.

Les trois autres blessés, qui ont guéri, n'avaient pas de plaies pénétrantes de l'abdomen. Deux étaient atteints de plaies contuses sans gravité, et le troisième avait la crête iliaque fracturée par une balle.

### BLESSURES DES MEMBRES.

Les blessures des membres sont de beaucoup les plus nombreuses. Nous avons donné nos soins à 68 blessés de cette catégorie; 32 d'entre eux, paraissant le plus légèrement atteints, ont été évacués du troisième au cinquième jour de leur blessure sur une autre ambulance. Nous ne possédons donc sur eux que des renseignements incomplets.

Les 36 restants ont été observés jusqu'à leur guérison ou tout au moins jusqu'à leur convalescence assurée; leurs blessures présentent assez d'analogie pour que nous puissions les diviser en deux catégories, dont l'une comprend toutes les plaies simples, sans fracture ni broiement notable des os, et l'autre toutes les fractures compliquées, avec grand fracas des os, entraînant habituellement l'amputation ou des opérations graves.

La première catégorie comprend 25 cas qui se subdivisent ainsi :

Trois entorses graves ;

Une luxation du pied ;

Seize plaies en séton, d'un ou plusieurs membres, dont quelques-unes avec écornement des os ;

Cinq blessures plus sérieuses intéressant des organes ou des régions importantes, comme les testicules, le genou, les doigts, etc.

Sur ces 25 blessés, *un seul* a succombé à l'hôpital pendant notre séjour au plateau d'Avron. C'était un soldat dont une balle avait labouré la partie interne du genou gauche, effleurant le condyle externe du fémur, sans léser l'articulation elle-même. Mais le genou avait été longtemps auparavant le siége d'une inflammation chronique que réveilla la blessure. Il survint une arthrite, puis des fusées purulentes qui causèrent la mort.

Parmi les guérisons, deux présentent seules un véritable intérêt scientifique.

L'une se rapporte à un soldat qui, à l'affaire de Créteil, avait eu la cuisse droite et les bourses traversées par une balle; le testicule gauche avait été projeté en dehors du scrotum, et sa substance propre formait une sorte de champignon à la surface de la tunique albuginée. Il y avait donc à la fois hernie du testicule en masse et hernie des tubes séminifères et le scrotum lui-même était énormément distendu par le sang extravasé. La castration était inévitable : elle fut pratiquée immédiatement, et les deux plaies de la cuisse et du scrotum ont guéri sans accident.

Le second cas est une luxation du pied que nous avons observée à Rosny sur un garde national, et qui mérite d'être signalée, surtout à cause de son mécanisme qui est des plus simples. Le pied droit ayant glissé en avant sur la glace, la jambe gauche, à demi fléchie, ne put supporter à temps le poids du corps qui s'affaissa sur elle; l'individu tomba donc sur son genou gauche, et le poids du corps continuant d'agir, la cuisse se fléchit; l'ischion vint alors appuyer sur l'extrémité postérieure et inférieure de la jambe, qu'il chassa vers le sol, le pied restant immobile. Les signes de la luxation constatés aussitôt après l'accident étaient tellement évidents, que l'existence de la luxation ne saurait être mise en doute. La réduction s'opéra du reste avec facilité.

Les fractures compliquées et très-graves que nous avons eues à soigner sont au nombre de onze. Sur ces onze cas, deux ont été suivis de mort à l'ambulance, l'un sans opération, l'autre après l'amputation de la cuisse.

Les neuf autres cas se décomposent ainsi :

Une fracture du bras avec plaie en séton du thorax a guéri complétement ;

Une fracture comminutive du poignet a guéri après extraction de la balle ;

Deux fractures de jambe, avec esquilles multiples, ont donné deux guérisons ;

Deux fractures du bras avec gangrène ont nécessité la désarticulation de l'épaule et les deux opérés ont été évacués pleinement convalescents sur d'autres ambulances, où l'un d'eux a achevé sa guérison, tandis que l'autre a pris une infection purulente à laquelle il succomba soixante-six jours après l'opération ;

Une fracture comminutive du bras au-dessus du coude a exigé l'amputation du membre qui a été suivie d'un plein succès ;

Une fracture comminutive des os du pied a été suivie de guérison ;

Enfin, à Montretout, nous avons dû procéder à l'amputation des deux jambes d'un blessé ; mais depuis son évacuation, qui eut lieu le lendemain, il a été impossible d'avoir de ses nouvelles.

Quelques-unes de ces blessures nous ont permis de faire des remarques intéressantes.

Ainsi, nous avons vu une fracture de l'extrémité supérieure de l'humérus, produite par une balle, guérir *sans suppuration du foyer de la cassure*. Les deux eschares opposées, produites sur la peau par les projectiles sont devenues noires, sèches, sans auréole inflammatoire, tout à fait semblables à celles que produit l'application de la pâte de Vienne. Ce n'est qu'à la chute des eschares que nous vîmes apparaître un peu de pus, mais les deux fragments se sont consolidés comme dans une fracture simple.

La fracture comminutive du poignet était assez grave pour autoriser une amputation immédiate. Néanmoins, cédant aux instances du blessé, nous résolûmes de tenter la conservation de la main, et, malgré quelques accidents inquiétants dans le cours de la guérison, le résultat a justifié notre attente.

Mais de tous les succès obtenus par la chirurgie conservatrice les deux plus marquants sont certainement ces deux fractures comminutives de la jambe guéries sans amputation, alors que cette ressource suprême paraissait inévitable. Il s'agissait en effet de ces fractures, où le nombre et la grosseur des esquilles, la communication du foyer avec l'extérieur font prévoir les accidents les plus redoutables. Pour les prévenir, nous résolûmes d'ouvrir largement le foyer de la fracture, d'en retirer toutes les esquilles détachées, et de ne laisser au fond de la plaie que celles qui, encore adhérentes au périoste, semblaient susceptibles de ne pas se nécroser. Plus de sept centimètres de la longueur du tibia furent ainsi extraits sous forme de dix à quinze esquilles, et le fond des plaies fut rempli de charpie. Pour mieux faciliter encore l'écoulement du pus, on laissa quelques tubes à drainage dans l'un de ces cas. Nous avons conservé ces deux blessés deux ou trois mois dans nos salles ; à la vérité, ils ne marchent pas encore, mais tout fait espérer que les os, s'étant en partie régénérés, ils pourront un jour se servir de leur membre, et, ne le pourraient-ils pas, que, vu la mortalité effrayante des amputations de cuisse et même de jambe pendant ce siége, nous n'aurions pas lieu de regretter tout autre mode de traitement.

Les deux désarticulations de l'épaule dont nous avons parlé, nécessitées par la gangrène des membres et faites pendant la période inflammatoire, ont été suivies de guérison ; car nous pouvons considérer comme guéris des hommes qui sont restés à l'ambulance pendant plus de deux mois après l'opération et n'ont été évacués, lors du bombardement, qu'après cicatrisation presque complète, alors qu'ils se levaient, marchaient, mangeaient comme en pleine santé. Si l'un d'eux a succombé à une infection purulente un mois après son entrée dans une autre ambulance, on ne saurait, sans injustice, mettre ce décès à notre charge.

En groupant ensemble les résultats obtenus pour les divers genres de blessures, on trouve que :

Sur 58 blessures légères, 12 ont nécessité des débridements ou extractions d'esquilles et de balles, et que tous les blessés ont été évacués, guéris ou convalescents.

Sur 6 plaies de tête, nous avons eu 2 morts et 2 guérisons.

Sur 10 plaies de poitrine, 2 guérisons et 8 morts

Sur 7 plaies de l'abdomen, 1 guérison et 6 morts.

Sur 17 fractures compliquées, nous avons eu, sans opération, 1 décès et 11 guérisons.

Enfin, sur 6 grandes amputations ou désarticulations, on compte 2 guérisons, 3 morts et 1 résultat inconnu.

## RÉSUME DES DÉPENSES.

Après l'exposition des services rendus par l'ambulance, soit sur les champs de bataille, soit dans nos salles auprès du lit des blessés, nous croyons utile, pour compléter ce travail, de présenter un résumé succinct de l'emploi des fonds qui nous ont été alloués pendant ces six mois de campagne.

Les dépenses faites par l'ambulance depuis le 7 septembre 1870 jusqu'au 8 mars 1871, sont toutes jutifiées par des pièces qui, chaque quinzaine, ont été remises au siége de la Société, et dont aucune n'est revenue contestée. Elles ont trois sources bien distinctes :

La première comprend les dépenses de premier établissement, c'est-à-dire, les chevaux d'attelage et de selle, les fourgons, omnibus, voitures-litières, harnais, selles, etc., les grandes et petites tentes de campement avec leurs accessoires, les lits-brancards, couvertures, paillasses et traversins, ustensiles et batteries de cuisine, les boîtes et instruments de chirurgie, les médicaments, effets d'habillement et d'équipement, etc., etc.; le tout estimé à la somme de . . . . . . . . . . . . . . . . 26.482 fr. 88 c.

Faisons de suite remarquer que ce matériel et ce mobilier ont été rendus à la Société sans avoir éprouvé une dépréciation bien notable; aussi laisserons-nous de côté la somme qu'il représente.

La deuxième source de dépenses comprend les entrées en campagne du personnel, s'élevant à la somme de. . . . . . . . . . . . . . . 11.300 »

Dans la troisième, il faut comprendre les dépenses d'entretien, s'élevant à. . . . . . . . . . . . . . . . . . . . 95.371 57

Ensemble. . . . . 106.671 57

Cette somme de 95.371 fr. 57 se justifie par trois principales sources de dépenses :

Dans la première, nous classerons la solde, les frais d'alimentation et de logement des chirurgiens, aides, sous-aides chirurgiens, aumôniers et comptables ; la solde , les frais de nourriture, l'entretien et l'habillement des infirmiers et cochers, la nourriture et l'entretien des chevaux.

Il est inutile de rappeler ici que les conditions du siége de Paris rendaient le prix des vivres et des fourrages très-élevé, que les approvisionnements nécessaires aux besoins de l'ambulance n'avaient pu être prévus ni faits à l'avance ; cependant dans le courant du mois de septembre, au moment où les prix de l'avoine, du fourrage et de la paille étaient encore modérés, nous avons pu acheter une provision qui a été conservée jusqu'au moment où les prix sont devenus excessifs.

Dans la deuxième catégorie, il faut placer les frais occasionnés pour relever les blessés sur les divers champs de bataille parcourus par l'ambulance.

En effet, chaque fois que l'ambulance était appelée

à se rendre sur le lieu d'une action, elle était obligée de faire face à certaines dépenses nécessitées par une installation provisoire pour abriter et coucher momentanément les blessés recueillis, avant de les diriger sur Paris. Ces dépenses consistaient généralement en achat de bottes de paille d'un prix exorbitant dans les derniers mois; il faut ajouter également le prix du pain, du vin, du sucre, de l'eau-de-vie, etc., distribués aux blessés arrivant à l'ambulance provisoire; souvent aussi il était nécessaire de payer des voitures pour ramener des blessés, celles de l'ambulance étant insuffisantes.

La troisième catégorie de dépenses comprend les frais occasionnés pour le traitement des blessés soignés à demeure dans quatre ambulances différentes : numéros 80 et 82, boulevard Montparnasse, 40 avenue de la Reine-Hortense, et 24 rue de Penthièvre.

Indépendamment des provisions fournies par la Société, il a fallu acheter des vivres, du vin, de l'eau-de-vie, des tisanes et des médicaments pour ces diverses ambulances, payer le chauffage, l'éclairage, le blanchissage, etc.; 3000 journées de traitement et d'alimentation expliquent suffisamment la nature de ces dépenses.

En résumé, nous nous sommes efforcés d'apporter, dans l'emploi des fonds mis à notre disposition, toute l'économie possible, n'épargnant rien lorsqu'il s'agissait de la vie des hommes confiés à nos soins, mais nous gardant avec soin de toute dépense inutile et superflue.

En terminant ce rapide historique de l'ambulance, nous ne saurions en oublier le généreux fondateur qui a mis autant de ténacité dans ses bienfaits que Paris dans sa défense. Après avoir créé une ambulance pour enlever les blessés, il en a élevé une autre pour les soigner; puis à ceux qui avaient faim il a donné du pain, et du feu à ceux qui avaient froid. A nous donc surtout qu'il a chargés de porter ses secours sur les champs de bataille, incombe le devoir de lui témoigner publiquement la reconnaissance de l'armée et de Paris assiégé et bombardé.



Dr Théophile ANGER.

Paris. A. Parent, imprimeur de la Faculté de Médecine, rue Mr-le-Prince, 31

www.ingramcontent.com/pod-product-compliance
Lightning Source LLC
LaVergne TN
LVHW020451230826
846091LV00004B/1648